AF250648

# EPISTRE
# CONSOLATOIRE
## A MONSEIGNEVR
## M. LE PREMIER
### PRESIDENT,

*Sur le trépas de Madame la
Premiere Presidente
son Espouse.*

MONSEIGNEVR,

Ceste tristesse funebre qui
nage dans les larmes de vos yeux, au gré
du vét de vos souspirs, & qui est si extré-
me, qu'elle donne de la pitié à tous ceux
qui la voyent dépeinte dans vostre graue
& venerable visage, comme dans son

A

char de triomphe, m'a donné vne ſi viue atteinte dans le cœur, qu'elle m'a contraint de tracer ce petit diſcours conſolatoire : non que ie preſume qu'il ſoit capable d'eſteindre la cuiſante flamme d'vne ſi viue douleur ; mais parce que i'ay penſé qu'en vn grand & deplorable embraſement, chacun eſt obligé de contribüer ſelon ſon pouuoir des remedes conuenables pour l'eſteindre : Car en tel acceſſoire, pour peu d'eau qu'il y porte ( ne pouuant dauantage ) il témoigne touſiours la grandeur de ſon courage, & de ſa bonne volonté.

Or il n'eſtoit pas temps ny à propos de m'acquitter de ce deuoir dés le premier accez de voſtre mal ; car il faloit donner vn peu de cours à la douleur, & laiſſer ſeigner durant quelques iours la playe par les yeux, de peur que penſant la guerir trop promptemét, on l'irritaſt dauantage : Car comme dit Seneque :

*Qui lacrymas citius obstruũt quàm par est,*
*efficiunt vt vberiori copia paulo pòst fluant.*
Vouloir trencher le cours aux larmes dés
le premier abord de la douleur, c'est les
contraindre à se déborder plus furieuse-
ment puis apres.

Toutesfois sçachant que l'excez de la
presente douleur, & la grande quantité
des affaires que vous traictez iournelle-
ment pour le seruice du Roy, & le bien
de son Estat, vous laissent bien peu de
temps à perdre, Ie feray ceste Epistre
breue & courte, déployant succincte-
ment quatre belles considerations, ac-
compagnées de quelques raisons & au-
thoritez, desquelles ie composeray vn
petit escadrõ, que ie mettray en cãpagne,
pour combattre puissammét ceste Tristesse inhumaine qui nous afflige, mor-
tellee nnemye de tout le genre humain.

La premiere consideration qui oblige
vn grand courage, & vn esprit releué

comme le voftre (MONSEIGNEVR)
à exterminer cefte cruelle aduerfaire:
C'eft parce qu'elle eft indigne de loger
dans vn cœur noble,& de maiftrifer vne
ame genereufe:Car fi la triftefle n'eft autre chofe qu'vn amortiffement & op-
preffion d'efprit: comment eft-ce qu'vn
efprit hault & fublime fe voudra laiffer
gourmander & abbatre foubs les pieds
de cefte baffe & terreftre paffion? Ses ef-
fects nous témoignent affez fa baffeffe:
car elle ne tend à autre fin qu'à affoupir
les fens, abbatre les efprits, & amortir la
vigueur des facultez animales, enfeuelif-
fant l'homme dans vne pefante & non-
chalante fetardife : Chofes toutes indi-
gnes d'vne ame noble, & d'vn cœur ge-
nereux. C'eft pourquoy cefte paffion
n'eft digne que de l'efprit d'vne femme:
Auffi a elle efté donnee à ce fexe infirme
& debile pour hoftefle naturelle. Dieu
parlant à la grande Mere de toutes nos

miseres en ceste façon : *Multiplicabo e-
rumnas tuas , vel mærores tuos :* comme
disent les septante.  Ie multiplieray tes
tristesses, & tes fascheries, où nous voyós
que la tristesse est vne passion feminine:
Et partant indigne d'vn cœur Viril, Fort,
Constant & Vertüeux.

La seconde consideration qui inuite
vostre ame genereuse ( MONSEIGNEVR )
à triompher de ceste impitoyable enne-
mye, est fondée sur le dommage irrepa-
rable qu'elle faict à la santé corporelle:
Car estant d'vne qualité froide & seche,
elle amortist la chaleur naturelle, & con-
somme peu à peu l'humide radical, qui
sont les principes de vie; lesquels estant
diminüez & rongez par ceste passion ty-
ranique, l'œconomie de la santé se trou-
ue ruinee, & finalemét le flambeau de la
vie esteint deuant l'heure prescripte par
l'ordre de nature: Verité confirmee par
criture saincte, laquelle en l'Eccles.

25. appelle la triſteſſe, vn aſſemblage de toutes douleurs, & playe vniuerſelle du cœur humain. *Omnis plaga triſtitia cordis eſt.* Car comme dit le Sage Salomon au prouerb. 17. *Anima gaudens ætatem floridam facit, ſpiritus autem triſtis exſiccat oſſa :* L'alegreſſe du cœur conſerue l'aage en ſa ſplendeur, mais la triſteſſe de l'eſprit deſſeche les os, conſomme la chair, terniſt la couleur, & emporte en peu de temps l'embonpoint du viſage. Ce que Philon Iuif a tres elegamment expliqué par ceſte ingenieuſe penſee, diſant : *Affectus varij in animo pugnant : ex his autem qui victoriam adeptus eſt, vexillum in facie tanquam in arce eleuat. Ira igneŭ, verecundia purpureum, lætitia cãdore niueo & purpureo dilutum, triſtitia verò pallidum :* Le cœur humain eſt vn champ de bataille à pluſieurs & diuerſes paſſiõs : mais celle qui demeure maiſtreſſe de la place éleue ſon eſtédard victorieux dans

la face comme au hault de son Palays,
ou sur le sommet de sa glorieuse forte-
resse. L'ire y plante le sien semblable au
feu éclattant : La vergongne en éleue vn
autre qui approche de la couleur purpu-
rinne : La ioye y faict voir le sien, qui
est composé d'vn mélange agreable de
la blancheur de la nege, & du vermillon
de la rose : Mais ceste fascheuse & amere
tristesse y va déployát son drappeau, qui
porte sa liuree, laquelle n'est autre qu'vne
morne, maigre & sombre palleur. C'est
pourquoy les Antiens figuroient la tristesse par le ieune, parce qu'ainsi que
luy, elle flestrist incontinent la force &
la vigueur du corps humain. Car comme
dit le mesme Sage au chap. 15. la tristesse
faict dedans l'ame ce que le ver faict dãs
le boys, la roüille sur le fer, & la teigne
dans le vestement : Et finalement elle
conduit l'homme à ceste extremité,
qu'elle faict doubler le pas à la mort, la

haſtant de venir, & contreignant la vi
de faire ſa retraicte deuant l'aage : *A tri-*
*ſtitia feſtinat mors, & operit virtutem,*
*& ceruicem flectit.* Eccl. 18. C'eſt pourquoy le meſme autheur au chap. 30. con-
ſeille l'homme ſage de chaſſer & bannir
la triſteſſe de ſon cœur, diſant : *Triſtitiam*
*non des animæ tuæ : Iucunditas enim cordis,*
*eſt vita hominis, & theſaurus ſine defectio-*
*ne ſanctitatis, & exultatio viri eſt longæui-*
*tas* : Ne donne point ton ame en proye
à la triſteſſe : car la ioye du cœur eſt la
vie de l'homme, & vn threſor pretieux
abondant en bon heur & en ſainceté,
ſur lequel la longue continuation de la
vie humaine eſt fondee.

Puis donc que la triſteſſe eſt ennemie
de la ſanté, & la mort de la vie, vous la
deuez genereuſement combatre (Monseignevr) car voſtre ſanté & vie eſt
vn threſor pretieux à la France, qui a be-
ſoin de vous pour le ſeruice de ſon Roy,

&

& pour le bien du public.

La troisiéme raison qui vous oblige à combattre ceste mortelle aduersaire, est pour le grand tort qu'elle apporte à l'esprit en la diminution de ses forces naturelles, qu'elle luy dérobe insensiblement peu à peu : C'est ce qu'a remarqué le Sage Salomon aux prouerb. 15. *Cor gaudens exhilarat animă, & in mœrore spiritus deiicitur animus* : La tristesse est vn fardeau si pesant, que l'esprit qui s'en est chargé, ne le peut supporter (quoy que fort) car à la fin il est contrainct de succomber sous son ioug : C'est vn fardeau si pesát, qu'il a accablé les plus vertüeux: Témoin le grand S. Gregoire, lequel en l'Hom. derniere sur Ezechiel se sentant oppressé de ce mal, est contrainct de dire ces paroles: *Iă dolor cogit linguă ab expositione retinere. Jam in me nullus sacri eloquĳ studia requirat, quia versa est in luctŭ cithara mea* : La tristesse m'imposant silence, change mes diſcours en larmes & en pleurs : & partant que perſonne ne me vienne deſormais conſulter, & n'atande plus de moy les inſtructions ordinaires que i'ay donnees iuſques à ceſte heure. Ceſte triſteſſe fut ſi grande, qu'elle l'empeſcha de continuër l'explication de ce Prophete. Sainct Hieroſme diſcontinüa l'interpretatiõ du meſme Ezechiel pour la meſme occaſion, ainſi qu'il écrit à Pammache : *Diu tacui ſciens eſſe tempus lacrymarum.*

Ainſi en diſoit iadis la docte & ingenieuſe Sappho, la grande triſteſſe de laquelle amortit en peu de temps toute la viuacité de ſon bel eſprit, ainſi qu'elle confeſſe clairement par ces vers chez Ouide.

*Nunc vellem facunda forem, dolor artibus obſtat,*
*Ingeniumque meis ſubſtitit omne malis:*
*Non mihi reſpondent veteres in Carmi-*

*ne vires*

*Plectra dolore tacēt, muta dolore lyra eſt.*
A la mienne volonté ( dit ceſte dolente éploree ) eſtre encore auſſi feconde
que ie fus autesfois : mais las, la triſteſſe
qui captiue mon eſprit ſoubs le ioug des
douleurs, m'en empeſche, laquelle tariſ-
ſant la ſource ancienne & douce veine
de mes vers, faict taire mon Lut, & im-
poſe ſilence à ma Lyre poëtique.

Ia à Dieu ne plaiſe ( MONSEIGNEVR)
que ceſte triſteſſe prenne vn tel pied dās
voſtre ame, qu'elle priue la France de ces
graues, doctes & rares diſcours, dont
par cy-deuant vous auez faict retantir
ce tres-Auguſte & tres-Illuſtre Parlemēt
de Paris, eſtonnant & rauiſſant de leur
douceur & doctrine merueilleuſe les
plus grāds & doctes eſprits de l'Europe.

La quatriéme cauſe qui vous doit a-
nimer pour combattre genereuſemēt ſe
Monſtre farouche & ſauuage, c'eſt l'af-

fliction & ennuy que vous donnez à tous vos amys & fideles ſeruiteurs, leſquels vous voyant ainſi affligé, ſemblent à l'enuy participer à voſtre douleur, ayác apris du Philoſophe, que la compaſſion & condoleance des amys eſt vn grand ſoulagement à vn eſprit affligé. C'eſt pourquoy nous nous affligeons tous, & compatiſſons tous à uoſtre mal: l'Ocean de vos pleurs n'oyant tous nos plaiſirs & nos ioyes; car nous auons autant de douleurs de voſtre doléte vie, que vous auez d'ennuy de la dolente mort de feu Madame voſtre chere Eſpouſe : la mort de laquelle fait vne merueille d'amour dans voſtre cœur, faiſant ſortir de vos larmes l'eau de voſtre ſaincte flamme coniugale : & nourriſſant ceſte chere flamme de l'eau de vos pleurs. Mais ſouuenez-vous (s'il vous plaiſt, Monseigneur) que les Ames qui ſont decedées en la grace de Dieu (comme

nous deuons croire que celle de madite
Dame defunĉte eſtoit en cet eſtat ) re-
poſantes en paix, ne veulent pas eſtre
troublées par les larmes des viuants.

Chaſſez donc ceſte triſteſſe, ſource
de vos pleurs, & mere de voſtre ennuy:
Mais chaſſez-la ſans vous feindre : Car
i'ay peur que voſtre ſageſſe vous face
faire vne faute. ( & pardonnez-moy,
MONSEIGNEVR, ſi ie parle ainſi)
à laquelle peut-eſtre Senecque vous in-
duit en la perſonne de Lucille, auquel
il diĉt que les hommes ſages & ver-
tueux ſçauent bien cacher & couuer
leurs triſteſſes dans leurs Ames, eſtant
choſe indecente à eux de les faire voir
aux autres. Ne faiĉtes pas ainſi s'il vous
plaiſt ( MONSEIGNEVR ) mais repre-
ſentez vous que comme dit Nilus : *Qui*
*triſtatur aſſiduè, & ſe à perturbationibus*
*liberum fingit ſimilis eſt egrotanti qui ſe*
*valere ſimulat :* Quiconque porte la tri-

stesse en son ame, & feint la ioye sur la face, est semblable à celuy qui portant la fieure mortelle dans les os, dit à tout le môde qu'il se porte bien. Et bien à propos ie compare la tristesse à la fieure, puis que comme la fieure elle empesche le repos, decolore le uisage, interdist les functions de l'esprit, & emporte l'appetit & le goust que l'homme peut & doit raisonnablement prendre aux honnestes plaisirs de la vie. Ie sçay que vostre douleur est grande : Car l'amour coniugal à la proportion duquel elle est mesurée estoit tres-grand & parfaict : Mais pourtant comme dit Ciceron en ses Tuscul.

*Nõ potest probari vt sibi animus mederi nõ possit, cum ipse medicinã corporis inuenerit :* Il n'y a point d'apparence de croire que l'esprit ne puisse guerir ses passions, veu que c'est l'esprit qui a inuenté les medicaments pour le corps : & partant il ne faut pas croire qu'il se

soit oublié. Mais quelles sont les me-
decines de l'Ame sinon les considerations raisonnables dont elle se fortifie
au milieu de ses enuis, pour triompher des passions ennemies?

Or entre mille belles autres raisons
que vous trouuerez dans vostre Esprit
mesme ( MONSEIGNEVR ) & que
plusieurs gráds personnages vous pour-
ront representer; Ie vous offre ces quatre susdites, non que ie croye que vous
ayez besoin d'emprunter ailleurs que
du Ciel des armes pour combattre
ceste tristesse ennemie, dans laquelle
hier ie vous vy plongé si auant, que ie
sortis de vostre Maison nauré de douleur. Mais c'est pour tesmoigner deuant tous, qu'en toutes occurrences
tristes & ioyeuses, ie desire tousiours
paroistre,         MONSEIGNEVR,

Vostre tres-humble & affectionné<br>
seruiteur LE P. BOVCHER.

*Ce* 19. *Nouembre* 1621.